DES HEILIGEN

EPHRAEM DES SYRERS

HYMNEN DE IEIUNIO

CORPUS
SCRIPTORUM CHRISTIANORUM ORIENTALIUM
EDITUM CONSILIO
UNIVERSITATIS CATHOLICAE AMERICAE
ET UNIVERSITATIS CATHOLICAE LOVANIENSIS
Vol. 247

SCRIPTORES SYRI
TOME 107

DES HEILIGEN
EPHRAEM DES SYRERS
HYMNEN DE IEIUNIO

ÜBERSETZT

VON

EDMUND BECK

LOUVAIN
SECRÉTARIAT DU CorpusSCO
49, CH. DE WAVRE
1964

VORWORT

Die kleine Sammlung der Hymnen *de ieiunio* besteht nach der Schlussbemerkung in den beiden alten Handschriften B. M. add. 14 571 **(D)** und add. 14 627 **(B)** nur aus zehn Hymnen. Die späte liturgische Handschrift B. M add. 14 512 **(P)**, die Auszüge daraus bietet, fügt weitere vier hinzu, die hier in einem Appendix nachgetragen werden.

Für den Inhalt der Hymnen im einzelnen sei auf die Inhaltsangaben verwiesen, die in der Übersetzung vor jedem Hymnus sich finden. Was die ersten vier im allgemeinen kennzeichnet, ist ihr theologisch biblischer Charakter, der zum Ausdruck kommt in der Verwendung der Beispiele Adams und Christi, des Sündenfalls, der Sünde der Söhne Seths, der Ermordung Naboths, des Fastens der Esther und Mardochais. Vom fünften Hymnus muss der Anfang hervorgehoben werden, weil hier die liturgische Verbindung mit den Paschahymnen, die in den beiden alten Handschriften folgen, ausgesprochen wird. Der sechste Hymnus verbindet Fasten und Schriftlesung. Die Hymnen 7-9 führen die Beispiele aus, die das Buch Daniel bietet, und der 10. Hymnus bringt das Beispiel des Moses.

Bei den vier Hymnen des Appendix erhebt sich die Frage ihrer Authentizität. Die Hs **P**, aus der sie stammen, nennt zwar zu Beginn ihrer Auszüge aus den zehn Hymnen der alten Sammlung Ephräms Namen, wiederholt ihn aber nicht mehr am Schluss, wo Hymnus 2-4 des Appendix vorangehen; der erste ist zwischen dem vierten und siebten der alten Sammlung eingeschoben. Die Melodie des ersten Hymnus des Appendix ist mit Sicherheit für Ephräm nachzuweisen; inhaltlich bringt er eine Wiederholung des Themas : Adam-Christus und das Fasten.

Der zweite Hymnus des Appendix hat melodisch die Form der dritten Sōgītâ zum Epiphaniefest. Sprachlich scheint gegen Ephräm als Verfasser der Gebrauch des griechischen Wortes Paraklet zu sprechen. Eigenartig ist die Deutung der drei Jünglinge im Feuerofen auf die menschliche Dreiheit von Geist, Seele, Körper, die es dem Verfasser ermöglicht, in dem im Ofen erscheinenden Vierten den Heiligen Geist zu sehen.

Der dritte und vierte Hymnus des Appendix sind farblose Ausführungen über die notwendige Ergänzung des Fastens durch die anderen Tugenden und über das freiwillige und erzwungene Fasten.

Abkürzungen in den Anmerkungen :

Folgende Werke Ephräms werden nach Hymnus, Strophe (Strophenzeile) der Neuausgabe im CSCO zitiert : *HdF* = Hymnen de Fide; *CH* = Hymnen contra Haereses; *Parad.* = Hymnen de Paradiso; *Nat.* bzw. *Epiph.* = Hymnen de Nativitate (Epiphania); *SdF* = Sermones de Fide; *CNis* = Carmina Nisibena; *Virg.* = Hymnen de Virginitate. Mit *ieiun.* wird auf die Hymnen der vorliegenden Ausgabe verwiesen. Dazu kommt noch : Pr. Ref. = C. W. MITCHELL (BEVAN, BURKITT), *S. Ephraem's Prose Refutations of Mani, Marcion and Bardaisan*, I-II, London, 1912, 1921.

Metten, 17. VII. 1963. P. Edmund BECK.

HYMNEN AUF DAS FASTEN DER VIERZIG (TAGE)
VON MAR EPHRÄM

I

Str. **1** : Christus, Adam u. das Fasten.   **2-3** : Das Fasten reinigt das
Auge der Seele für die Gottesschau.   **4** : Das Fasten u. die Versuchung
des Herrn.   **5** : Das Fasten lässt den unsichtbaren Feind sehen.   **6-7** :
Das rechte Fasten u. die Schrift.   **8** : Das Fasten Christi.   **9-11** : Die
Bemühungen des Feindes, das Fasten wertlos zu machen.   **12** : Das
falsche Fasten der Juden.   **13** : Schlussbitte Ephräms.

Nach der Melodie : Das ist der gesegnete Nisan

RESPONSORIUM : Gepriesen sei der König, der die heilige Kirche
schmückte mit Fasten, Gebet und Wachen!

1. Das ist das Fasten des Erstgebornen, der Anfang seiner Ruhmes-
taten. — Freuen wir uns über seine Ankunft! Durch das Fasten siegte
er, — der mit allem hätte siegen können. — Uns zeigte er die Kraft,
die verborgen liegt im Fasten, dem alles besiegenden. — Denn mit
ihm besiegt der Mensch jenen, der mit der Frucht Adam besiegt —
und gierig verschlungen hat. Gepriesen sei der Erstgeborne, der die
Mauer — des Fastens, die grosse, um uns Schwache gelegt hat!

2. Das ist das erhebenden Fasten, das vom Erstgebornen aufging, —
um die Kleinen zu erheben. Für den Einsichtigen liegt im Fasten ein
Grund zur Freude, — da er sieht, wie sehr er erhoben wurde. Das
Fasten reinigt insgeheim die Seele, — auf dass sie Gott betrachte und
durch seine Schau erhoben werde. — Denn die Last, die von der Erde
(stammt), drückt sie zur Erde herab. — Gepriesen sei, der uns das Fasten gab, — die reinen Flügel, mit denen wir zu ihm fliegen sollen!

3. Strahlend ist das Fasten und ziemt sich für den, der erstrahlen p. 2
wird, — um Gott zu schauen. Nicht kann ein von irgend etwas Ge-
trübter — den Reinen erblicken. Wer ein reines Auge erwarb [1], —

---

[1] Vgl. *Parad.*, 9, 26.

der kann ihn schauen, so weit es (uns) gegeben ist, (ihn) zu schauen [2].
— Statt der Läuterung der Weine lasst uns den Geist läutern, — damit
wir den Reinen sehen können, — der mit dem Fasten den Bösen
besiegt hat, jenen, der alles trübt.

4. Das ist das Fasten, dessentwegen der Gierige ausspie — die
Völker auf dem Gipfel des Berges [3]. Der in das Fasten Gehüllte besiegte
den Gierigen, — der sich in die Speise der Stammeltern gehüllt hatte.
— Der Herr der Sieger gab uns seine Waffe und stieg zum Himmel
empor, um Zuschauer (unseres) Kampfes zu sein. — Wer sollte nicht
zu der Waffe eilen, mit der Gott siegte! — Eine Schmach. meine
Brüder, ist es, mit der Waffe zu unterliegen, — die besiegte und siegen
liess die ganze Schöpfung!

5. Weil unser Feind unsichtbar ist, lasst uns unseren Geist reinigen,
damit er merke, dass wir ihn sahen. — Denn jene, von denen er merkt,
dass sie ihn nicht gesehen haben, — denen kann er (die Seele) entwenden.
— Wenn die Seele sich aber dem Fasten widmet, — dann entreisst
das Fasten sie (dem Feind) und gibt sie dem Fastenden (zurück). —
In seinen [4] Wogen reinigt sich das unsichtbare Auge, sodass es sieht, —
woher die scharfen Pfeile, die den Sehenden verborgen waren, kommen.

6. Das ist das Fasten, der Lehrer, der die Athleten lehrt, wie man
kämpft. — Kommt zu ihm und lernt den klugen Kampf! — Er schreibt
uns vor, dass unser Mund faste und auch unser Herz. — Lasst uns
nicht des Brotes uns enthalten, während wir Gedanken denken, —
in denen Todesgift verborgen ist! — Lasst uns dem Erstgeborenen mit
Fasten danken, — der uns das Wort des Lebens gab, es zu betrachten!

7. So mögen uns die Bücher (der Schrift) gleich einem Spiegel
sein, dass wir darin unser Fasten sehen! — Denn die Bücher machten
eine Trennung zwischen Fasten und Fasten, zwischen Gebet und Gebet.
— Sie wählten sich das eine Fasten und verwarfen das andre, — sie
versprachen Versöhnung (mit Gott) den einen Fastenden und (Gottes)
Zorn den anderen. — Es gibt ein Gebet, das Sünde, und ein Gebet,
das Lebensarznei ist. — Unser Herr möge sich freuen über unser
Fasten, — wie er sich freute, meine Brüder, über sein eignes.

---

[2] Vgl. *SdF*, 1, 92. — [3] Geht wohl sicher auf den Berg der Versuchung. Satan warf hier
die Völker weg, weil sein Angebot trotz der Weigerung des Herrn ein Wegwerfen an den
Sieger war; vgl. *Virg.*, 14, 9. — [4] So nach der vorgeschlagenen Korrektur auf das Fasten
zu beziehen. Die Hss haben : eorum, was nur auf « Pfeile » bezogen werden könnte.

8. Denn nicht unrein war dem Heiligen das Fasten, durch das er sich herabliess und erstrahlte. — Eine fremde [5] Vermischung würde bewirken, dass das Fasten, obwohl rein, unrein würde. — Betrachte die Natur! Werden (nicht) befleckt — willkommene Früchte inmitten von Unreinem? — Unser Sinn verschmäht sie, wenn sie noch so sehr gewaschen werden. — Gepriesen sei der Reine, der die Früchte annahm, — die, gereinigt, alle Büsser ihm gaben!

9. Es hat der Getrübte den Schmutz in uns Niedrige gemischt, — um (vor Gott) hässlich zu machen unsre Erstlingsgabe, unser Gebet und unser Fasten. — Es kann durch seinen Neid unser Opfer tadelnswert werden. — Nehmt weg euren Trug aus eurem Fasten, entfernt euren Spott aus euren Psalmen, — waschet rein eure Lieder, euern Mund von p. 4 Lüge! — Der Ertsgeborne hat aus Erbarmen uns gegeben, — dass wir das unsichtbare Gestrüpp aus unserem Sinn entwurzeln (können).

10. Seid nicht sorglos, ihr Einfältigen, gegenüber jenem Listigen, der die Fastenden betrügt! — Denn wenn er sieht, dass einer sich des Brotes enthält, — den sättigt er mit Zorn. Wen er im Gebet stehen sieht, — dem reicht er andre Gedanken — und entreisst heimlich seinem Herzen das Gebet seines Mundes. — O unser Herr, gib uns ein Auge, dass wir sehen, — wie er mit Trug die Wahrheit stiehlt!

11. Kommt, versammelt euch, meine Brüder, lasst uns im Fasten verweilen und staunen, wie schlecht der Böse ist! — Er gibt und nimmt. Durch sein (Geschenk) macht er uns arm. — Und er wird durch unsere (Gabe) nicht reich. Die Wahrheit, die er stiehlt, nützt ihm nichts, — und der Trug, den er uns gibt, wirkt nicht. — Der Dirne gleicht er, seiner Genossin, die weder uns noch ihm (nützt?). — Richte, mein Herr, zwischen uns und ihm! — Denn in dir richtete auch Salomon zwischen den (beiden) Dirnen [6].

12. Lasst uns die Spur der Wahrheit im Fasten suchen und auf ihr zum Pfad der Herbergen [7] gehen! — Denn das blinde Volk eilte am Tag seines Fastens auf (dem Weg) des Stolzes und des Irrtums. — Das Fasten im Mund, das Götzenbild im Herzen; — Gebet auf den Lippen, Zauberei im Sinne; — sein Inneres ohne Brot aber voll von

---

[5] ḥrēnâ = andre, was aber in der Polemik gegen Markion auch den « Fremden » bedeuten kann. Eine Polemik gegen eine derartige dualistische Lehre liegt offenbar auch hier vor. — [6] Das Wort von 3 *Reg.*, III, 16. — [7] Vgl. zu den Herbergen des Weges des Heils *HdF*, 65, 1; *CH*, 22, 8; 25, 1; 26, 3 u. *SdF*, 6, 185.

Lüge. — Seine Hände tagtäglich gewaschen, — aber das unsichtbare
Blut daran schreit gegen sie.

p. 5 **13.** Selig, wer ertrug, ausharrte und siegte und wessen Haupt geehrt
wurde durch den (Sieges)kranz, — wer mit offnem Mund wie ein
Schuldherr seinen Lohn verlangen (konnte) [8]! — Ich gleiche ihm 5
nicht, der ich (zu) lässig bin um zu fasten, (zu) träge, um zu wachen, —
und der erste, um zu erliegen. Mein Gegner ist sehr geschickt; —
wenn er mich besiegt hat, lässt er mich aufstehen, um mich wieder zu
stürzen. — O Meer des Erbarmens, gib mir eine Hand voll Erbarmen, —
damit ich meinen Schuldbrief (damit) auslösche!   10

II

Vier, von der liturg. Hs J aus dem Zusammenhang des 2. Hym. gerissene
Strophen.   1 : Isaias gegen das Fasten des jüdischen Volkes.   2 : Die
Töchter Kains u. die Söhne Seths.   3 : Das Verderben der Sünde.
4 : Christi Sieg über die Sünde.   15

Nach der gleichen Melodie

RESPONSORIUM : Gepriesen sei der Erstgeborne, der uns das Fasten
gab, das die Quelle der Begierden versiegen lässt!

1. Jenen beredten Isaias machte er zum Herold, dass er die Fastenden
tadle : — « Laut rufend verkünde [1]! Denn das Ohr (des Volkes) ist 20
verschlossen und offen (nur) für den Klang des Silbers. — Faste nicht,
indem du (zugleich) die Waisen verschlingst; — hülle dich nicht in das
Busskleid, indem du die Witwen der Kleider beraubst; — beuge nicht
deinen Nacken, indem du die Freien unters Joch bringst! [2] — Das
Fasten, das (zugleich) unterdrückte und vergewaltigte, — verriet, 25
dass Götzen verborgen waren in seiner Unersättlichkeit.

2. Auch Kain schmückte seine Töchter wie Blumen für die Söhne
Gottes [3]. — Zwei Söhne des Kain erfanden, wie geschrieben steht,

---

[8] Nach der Interpretation, die Ephr. von der Parabel *Matth.*, xx, 1-16 gibt, sind das die
Asketen; vgl. *Eccl.*, 23, 11.

[1] Vgl. *Is.*, LVIII, 1. — [2] Vgl. *Is.*, LVIII, 5 ff. — [3] Der hebr. Ausdruck, wie Peš in *Gen.*,
VI, 2.

Lieder und Instrumente. — Es verfertigte Tubalkain schöne Zym- p. 6
beln [4], — Jubal baute schöne Harfen [5]. — Die Linke [6] spielte (sie);
sie fing (damit) die Partei der Rechten [6]. — Die Söhne Seths freveleten
und fielen, — und sie verloren ihren grossen Namen durch die Menschen-
5 töchter [7].

3. Wer hätte nur ein wenig [8] die Sünde dargestellt, ihre Grösse und
ihre Beschaffenheit? — Sie hat zerfleischt das Volk — mit seinen un-
gezählten bitteren, todbringenden Zungen. — Die Tiere der Täler
verachtete sie; mit jenen Tieren, die Daniel sah, — schuf sie die grosse
10 Verwüstung des Heidentums. — Nach (allen) vier Himmelsrichtungen
wendet sie sich; — nur die (himmlische) Höhe ist geschützt vor ihren
Schäden.

(ult.) Einer nur ist es, der sich selber leicht [9] machte, und im Kampf
den strahlenden Sieg errang. — (Die Sünde) wurde beschämt und
15 empfand Schmerz, wie sie sah, dass er sich rein hielt — und dass ihn
ihr Schmutz nicht traf. — (Sie verwundete) bald mit ihren Krallen,
bald mit ihren Zähnen; — alle Körper traf der Hauch aus ihrem Mund.
— Der Leichte [9] nahm Wohnung im Schweren und hob ihn über sie [10]
hinaus. — Gepriesen sei, der in Adam sich kleidete und mit dem
20 (Kreuzes)holz ihn springend ins Paradies hinübertrug.

III

Str. 1-4 : Der Sündenfall der Stammeltern u. der Baum der Erkenntnis.
5 : Das verbrecherische Fasten bei der Ermordung des Naboth.   6 : Die
Erlösung der Seele durch die Menschwerdung u. das Kreuz.

25   Nach der gleichen Melodie

1. Wer hat geschaut und gesehen Adam und Eva; — und die p. 7
schlaue Schlange, Trug im Herzen, Frieden(sgruss) auf den Lippen, —
und (wie) sie besorgt tat und schmeichelte! Adam war unerfahren
und Eva einfältig. — der Baum blühte und die Frucht strahlte; —

---

[4] Vgl. *Gen.*, IV, 22. — [5] Das Wort von *Gen.*, IV, 21. — [6] Das Reich des Satan und Christi;
vgl. *Eccl.*, 24, 4 ff. — [7] Der Ausdruck von *Gen.*, VI, 2. — [8] Text unsicher. — [9] Zum
Kampf? An der zweiten Stelle ist « der Leichte » gleich « der Geistige ». — [10] So, wenn
man gegen die Hss das Femin. liest, auf « Sünde » bezogen.

gross war die Sünde und heilig und machtvoll die Gerechtigkeit. —
Gepriesen sei, der gemischt hat eine Woge — des Mitleids in sein ge-
rechtes Urteil und sich der Schuldigen erbarmt hat!

2. Wer hätte den Anblick ertragen der beiden Erhabnen, die plötzlich entblösst wurden! — Der Böse stand als freudiger Zuschauer da;   5
der Gütige sah und bewachte ihn. — Wer hätte nicht weinen müssen
— beim Anblick des gewaltigen Adam, der erniedrigt wurde, — des
reinen, der Blätter zusammennähte [1], um seine Blösse zu bedecken. —
Gepriesen sei, der sich seiner in seinem Blätter(kleid) erbarmte —
und ihm das Kleid der Herrlichkeit sandte für seine Nacktheit.   10

3. Wer kann jenen Baum erklären, der die Forscher in Verwirrung
brachte [2]? — Denn er ist eine verborgene Zielscheibe, die, den Augen
unsichtbar, die Bogenschützen ermüdet [3]. — Baum der Erkenntnis
ist er und zugleich der Unkenntnis; — Ursache der Erkenntnis, durch
die der Mensch erkannte, — was das Geschenk war, das verloren ging,   15
p. 8 und (was) die Strafe, die (dafür) eintrat. — Gepriesen sei die Frucht,
die das Wissen — um den Baum des Lebens in die Sterblichen mischte!

4. Es schaute und sah die Schlange die Taube im Paradies... [4] —
Es wandte sich zur Taube... [4] jener Drache, — der ganz und gar ver-
flucht ist. Er wurde (ein Teil) von ihr, damit sie (ein Teil) von ihm werde. 20
— Er kleidete sich in ihre Farbe, damit sie sich in seine Hässlichkeit
kleide. — Er sang ihr ein freudiges Lied, damit sie klagend herumirre. —
Gepriesen sei die Stimme des Vaters, die herabstieg, — tröstete und
die Trauer unserer Mutter vergehen liess!

5. Nicht sei unser Fasten für den Bösen ein Festmahl, dadurch dass   25
wir unsre Mitmenschen beissen! — So hat man ein Fasten angeordnet [5]
und dabei Naboth gesteinigt. — Der Böse hatte seine Freude an ihrem
Fasten. O diese Fastenden! Statt Brot — assen sie Menschenfleisch;
in ihrem Fasten leckten sie Blut. — Weil sie Menschenfleisch assen,
wurden sie zur Speise für die Hunde. — Gepriesen sei, der seinen Leib   30
gegeben hat — unserem wütenden Mund, damit er aufhöre, zu beissen!

6. Es schaute und sah der Barmherzige die Seele im Abgrund und
er fand einen Weg, sie herauszuziehen. — Obwohl sein Wink (allein
schon) imstande gewesen wäre, sie zu retten, — drückte er seine
Liebe seinem Werk auf: er kleidete sich in die menschliche Natur [6], —   35

---

[1] Der Ausdruck der Peš in *Gen.*, III, 7. — [2] Vgl. *Parad.*, 15, 12. — [3] Vgl. *HdF*, 1, 4. —
[4] Unlesbare Stellen der Hs. — [5] Der Ausdruck der Peš in 3 *Reg.*, XXI, 9. — [6] Syr. nur :
in die Menschheit.

erwarb sich ihre Unwissenheit, um sie zum Wissen zu führen. Er spielte ihr auf seiner Harfe — demütige Lieder, damit sie zur Erhöhung
käme; — er richtete sein Kreuz auf, (empor) zur (himmlischen) Höhe,
— damit die Kinder Evas zu den Himmlischen hinaufsteigen könnten.

IV

Str. **1** : Das Fasten heilt die Wunden der Seele,   **2** : macht die Seele
reich,   **3** : nährt den Geist,   **4** : stärkt zum Kampf gegen die Lüste,
5 : lässt Jugendliche den Feind besiegen.   **6** : Busskleid u. Kleid der
Herrlichkeit.   **7-8** : Das Beispiel der Esther u. Mardochais.   **9** : Die
drei Jünglinge im Feuerofen.   **10** : Ninive.   **11-12** : Der Weg des
Fastens.

Nach der gleichen Melodie

1. Das ist das heilende Fasten. Lasst uns seine Hilfen lieben und p. 9
über seine Arzneien uns freuen! — Das Fasten stieg vom Berg Sinai
herab zu dem (vom Zorn Gottes) geschlagenen Lager[1], — und es
heilte die geheimen Leiden der Seele, — und es verband die schwere
Wunde des Geistes. — Das Fasten hinderte den Fall jenes Volkes in der
Wüste — Lasst uns dem Erbarmen Lob spenden! — Denn das
gute Fasten wurde für uns wie zu einer Arznei.

RESPONSORIUM : Lasst uns Lob spenden dem Erstgebornen, dessen
   Herde sich mit den Büchern beschäftigt, der gepriesenen Weide[2]!

2. Siehe das Fasten, das reich macht! Lasst uns aus seinem Schatz
nehmen und durch sein Kapital reich werden! — Adam hat zu Beginn
sich Schaden mit der Speise erhandelt und ist arm geworden. —
Uns macht reich das Fasten, — welches die Schulden Adams begleicht;
es macht arm den Bauch, — es füllt das Schatzhaus der Seele mit der
Ware des Lebens. — Lasst uns Lob spenden dem Erstgebornen! — Denn
sein gutes Fasten ist ein Gürtel für uns Schwache.

3. Siehe das Fasten, das frei macht! Es befreit die Essenden vom

---

[1] « Das Fasten » ist wohl persönlich zu verstehen und auf Moses zu beziehen; vgl.
Parad., 9, 22 und *ieiun.*, 10, 2-6 — [2] Zu der Weide (genauer : Wiesen) der heiligen
Schrift vgl. *CNis*, 19, 4, 3.

Joch der Gier. — Denn die Herrschaft des Bauches ist ermüdend und
p. 10 quälend — und ziemt nicht der Freiheit. Nimm dem Bauch den ihm
geleisteten Dienst — und diene dem Geist mit lebendigen Worten! —
Dein Schoss ist dann voll von der Lehre, der Nahrung der Seele. —
Lasst uns Lob spenden dem Erstgebornen, dessen Herde — sich mit 5
den Büchern beschäftigt, der gepriesenen Weide [2].

4. Siehe das Fasten, das übt! Es ruft uns Weichliche, dass wir uns
erheben und siegen mögen. — Das Bussgewand ist seine Rüstung,
gleichsam ein Panzer [3], und die Demut gleichsam die Waffe. — Es
hüllt die weichliche Ferse in die Gewohnheiten der Festigkeit, — dass 10
sie zermalme und zertrete [4] die weichlichen Lüste, — die unsichtbare
Drachen sind. — Gepriesen sei, der das Fasten der Eva [4] gab, — auf
dass sie die Schlange und die Gier besiege!

5. Siehe das Fasten, das siegt! Denn Knaben und Kinder entwöhnte
es des Brotes. — O über die Schmach des Bösen! Denn auch Mädchen 15
nahmen den Kampf mit ihm auf. — Siehe das Fasten trägt unsichtbare Kränze — und steht und verteilt an die Schar der Fastenden. —
Siehe es heult der Böse beim Anblick des reinen Heerlagers. — Lasst
uns Lob spenden dem Erstgebornen, — der mit dem Fasten siegte
und auch seine Athleten siegen liess!   20

6. Siehe das Fasten, das schmückt! Es ruft uns Hässliche, um uns
seinen Schmuck zu reichen. — Seine Tränen strömen, um unsern
Schmutz zu reinigen und unsere Makel weiss zu waschen. — In seinem
Busskleid ist das Kleid der Herrlichkeit verborgen, — und aus seiner
p. 11 Asche weht der Duft des Lebens [5]. — Kommt, ihr Hässlichen, schmückt 25
euch mit seinem kostenlosen Schmuck! — Gepriesen sei, der uns rief
und einlud — zum reinen, erhabnen Fest des schönen (Fastens)!

7. Verachtet, ihr stolzen (Frauen) im Fasten Schmuck und Üppigkeit, die wie eine Blume blüht. — Esther besass königlichen Schmuck.
— Doch da sie sah, dass er nur irdisch sei, eilte sie zum Fasten [6]. — 30
Und das Fasten holte herab und gab ihr himmlische Schönheit und
geistigen Glanz. — Sie trat ein und erbat mit ihm vom König das Leben
der dem Tod Geweihten. — Gepriesen sei der König, der die heilige
Kirche geschmückt hat — mit Fasten, Gebet und Wachen!

---

[3] Das Wort der Peš in *Eph.*, VI, 14. — [4] Ephr. hat hier die beiden Synonyma : *dūš* u.
rṣṣ. Zu ihrer Verwendung an der zugrunde liegenden Stelle *Gen.*, III, 15 vgl. *Nat.*, 13,
2; 21, 15; 22, 31; 26, 8 u. *Epiph.*, 12, 3. — [5] Vgl. *Parad.*, 11, 10 ff. u. *CNis*, 70, 19. —
[6] Vgl. *Est.*, IV, 16.

8. Schämen wir uns nicht des Bussgewandes noch derer, die es tragen! Denn es ist eine siegreiche Waffe. — Der (mit dem Bussgewand) Bekleidete trägt die Prüfung und Probe der Demut, die alles besiegt. — Das Bussgewand stürzte den stolzen Haman — vor jenem Demütigen. — Das Fasten brachte die Bitten vor — mit dem gierigen Mund (des Haman) zugunsten des schweigenden Fasters [7]. — Gepriesen sei jener, der uns das Fasten gab, — das mit Haman den Kampf aufnahm, mit (Hamans) eignem Mund gegen ihn selber.

9. Verachtet auch ihr, o Jünglinge, den Schmuck des Körpers zur Zeit eures Fastens! — Denn es hätten die drei Jünglinge in Babel — in allen Schmuck gehüllt sein können. Weil sie das Gold hassten, — warf sie der Falsche wie Gold in den riesigen Schmelzofen. — Es wurden die Fastenden schön im Feuer wie geläutertes Gold. — Gepriesen sei, der uns das Fasten gab, — das den Rost des Gierigen aus unserem Sinn entfernt!

10. Siehe das Fasten, das erfreut! Denn es kann den Zwang über- p. 12 reden. — Jonas rief laut wie in einem Gerichtshaus und verdammte Ninive. — Ninive wählte sich das Fasten, das Auswege kennt. — Der schlaue Anwalt trat auf, sprach und siegte und liess Jonas verstummen, — und er hob das Urteil des Königs [8] auf. — Lob dem Erbarmen, das den unsichtbaren [9] Mund (des Fastens) — für die Büsser bitten liess!

11. Siehe unser Herr, der gebenedeite, und Moses und Elias bahnten den Weg des Fastens. — Und während sie den Weg für die Schwachen absteckten und ordneten, — eilten sie (selber darauf) ohne Mass; denn es war eine übernatürliche Kraft (in ihnen). — Nicht hielt sie Brot und natürliche Speise aufrecht. — Der Starke übersprang den Weg und seine Herbergen. — Lasst uns im Fasten Lob spenden — dem Erbarmen, das uns Schwachen die Waffe gab!

12. Welche Entschuldigung kann den entsühnen, der seinem Bauch unterliegt! — Denn das Fasten eines Tages ist eine kleine Meile; sein Lohn aber ist gross. — Wenn Tüchtige auszogen (auf dem Weg des Fastens) Wochen lang — und Mittlere halbe Wochen lang, — dann sollen auch Schwache sich nicht der kurzen Strecke entziehen. — Lasst uns Lob spenden dem Ertsgebornen, — der mit jedem Mass jeden Menschen retten will!

---

[7] Vgl. *Est.*, VI, 7 ff. — [8] Muss hier auf Gott bezogen werden. — [9] Zu dieser Fassung des *d-gawwâ* (innerlich, seelisch) vgl. *SdF*, 6, 483; *Eccl.*, 28, 13; *CNis*, 41, 6.

V

Str. 1 : Das Fasten als Vorbereitung der Ostertaufe.   2 : Adam u.
Christus u. das Fasten.   3 : Das Fasten im Kampf gegen den Bösen.
4-5 : Der böse Feind u. die Eintracht der Kirche; Lab u. Milch, Liebe
u. Festigkeit.   6-10 : Die Juden u. das wahre Pascha.   5

Nach der gleichen Melodie

1. Es erhoben sich die ernsten Zeiten des Fastens, um die Königs-
braut zu führen, — damit sie prunkvoll geleitet zum Fest der Weiss
(gekleideten) [1] käme, an dem sie getauft erstrahlt. — Ihre Kränze
mögen aus guten Sitten bestehen und ihr Schmuck aus dem Fasten! — 10
Unter Hosannarufen möge sie kommen. — Vor ihr erstrahle die Lampe
mit beständigem Öl. — Gepriesen sei, der aussandte und die Braut des
Erstgebornen im Triumphe führte, — dass sie zum Brautgemach
seines Lichtes komme!

RESPONSORIUM : Lob sei dem Sohn, der seine heilige Kirche ge- 15
    schmückt hat. mit Fasten, Gebet und Wachen!

2. Siehe das Fasten, das Mut gibt! Es sammelt sein Heerlager, damit
es mit dem Gierigen kämpfe. — Mit der Speise besiegte er jenen Athleten, dessen Kraft der Speise unterlag. — An dem Ersten machte er
die Probe, um (so auch) den Letzten zu besiegen. — Und er nahte sich 20
ihm, um ihn zu versuchen. — Da traf den Gierigen der Duft seines
Fastens und er wurde verwirrt. — Gepriesen sei der Gütige, der uns
das Fasten gab, das die Quelle der Begierden versiegen lässt!

3. Siehe der Bogen des Bösen ist erhoben zum Kampf! Jeder soll
sich rüsten. — Der geistige Panzer kann die Spitze seiner scharfen 25
Pfeile auffangen. — Sehr zu fürchten ist es, wenn einer getroffen
wird; — denn das Feuer bleibt in dem, der verwundet wird, zurück. —
Der Brand jenes süssen Feuers gefällt nämlich. — Gepriesen sei der
Gütige, der uns das Fasten gab, — das die Kohlen seiner Pfeile [2] löschen
kann!   30

4. Nicht überwältigt der Schwache die Freiheit, deren Waffe der
eigne Wille ist. — Nicht kann der Gespaltene siegen über die Eintracht,

---

[1] Das Hochzeitsfest der Weissen bezeichnet offenbar das österliche Tauffest, also nur
den Anfang der *šabtâ d-ḥewârē*. — [2] Die Wörter von *Ps.*, cxx, 4.

deren Sicherheit ihre Gemeinschaft ist. — Die einträchtige Partei ist
ein gewaltiges Meer. — Wer sich vereint, ist stark; wer sich spaltet,
unterliegt. — Löst sich die Eintracht, wird sie verschlungen und
vernichtet. — Gepriesen sei, der die gespaltenen Völker gesammelt
5 hat, — sodass sie ein unteilbares Volk wurden!

5. Gepriesen sei, der uns ein Gleichnis gab! Wenn wir es betrachten,
— wird es zum Spiegel für uns, für unsre unsichtbare Eintracht. —
Lasst uns, Brüder, in die sichtbaren Symbole schauen! — Betrachten
wir das Lab [3]! Wenn es in die weiche Milch getan wird, — dann zer-
10 fliesst nicht wieder ihre Weichheit; denn sie ist fest geworden, verbun-
den mit einer harten Kraft. — Gepriesen sei, der uns die Liebe gab, —
die eine unsichtbare Kraft in unsre Schwachheit mischt!

6. Kommt lasst uns im Fasten daran denken, was die Toren zur
Zeit ihres Fastens getan haben! — Schrecklich ist es, die Schmähung
15 des Heiligen in unsern Mund und in unser Ohr zu bringen. — Den
Herrn des Pascha haben sie am Paschafest getötet. — Den Herrn der
Feste haben sie am Fest geschlachtet. — Gott hingen sie ans (Kreuzes)
holz [4]; sie erhöhten und erzürnten. — Der Mund der gerufen hatte :
kreuzige ihn [5], — erhob sich, um am Paschafest die heiligen Bücher
20 zu lesen.

7. Sie lasen am Paschafest, wie sie das Lamm in Ägypten töteten. p. 15
— O blindes Volk! Es las, ohne zu erkennen, erklärte, ohne zu bemerken.
— Sie lasen in den Büchern, sie hingen ans (Kreuzes)holz. — Sie
kreuzigten und erhöhten das wahre Lamm; sie steckten an den Brat-
25 spiess und brieten. — Das Lamm, das schweigend aufgespiesst wurde,
— war Zeuge für das gekreuzigte Lamm, dass es die Erfüllung sei.

8. Die Blinden kreuzigten (den Herrn), weil sie trunken, wirr und
irre waren aus Neid. — Sie verleumdeten den Erstgebornen, dass er
das Gesetz übertrete. — Sie erfüllten damit das Gesetz, sie zerstörten
30 es durch ihre Taten. — Ihr eigner Mund hat sie angeklagt. Die Hand
unterschrieb die Schuld, — und der Mund leugnete. — Die Toren
lösten und beeilten sich zurückzunehmen [6], was sie gelöst hatten,
— in den Paschalesungen [7].

---

[3] Vgl. *HdF.*, 5, 20 u. 25, 20. — [4] Wörtlich wie *SdF*, 3, 359. — [5] Ephr. : *zqofay* wie Peš u.
VS in *Marc.*, xv, 13 u. *Luc.*, xxiii, 21 (gegen Peš in *Jo.*, xix, 6 u. 15 : *ṣlobay*; VS fehlt).
— [6] Um der Stelle einen Sinn abzugewinnen wird für das einfache *šaddar* die Bedeutung :
zurückschicken angenommen, wie schon auch in *HdF*, 48, 8, 6. — [7] Zu *šarbâ* u. *qeryânâ*
vgl. *CNis*, 63, 4.

9. Unter den sichtbaren Kreuzigern stand unsichtbar eine geistige Schar. — Es umringten den Erstgebornen die bösen (Teufel) mit ihren Schmähungen — und die Propheten mit ihren Büchern. — Moses stand mit ausgebreiteten Händen, den Stab an der Brust [8]. — Ein Wunder auf der Höhe des Berges [9] : ausgebreitete Hände und der erhobne 5 Stab [8]. — Wie auf Golgotha ! Ein Zeuge, der, von ihnen, gegen sie ruft : — dieses Symbol hat Amalek besiegt !

10. Das Testament des Moses ist wie ein Spiegel. — Auf unseren Herrn schaute es. Und jeder, der Einsicht hatte, — blickte hieher und dorthin, und sah dort das Symbol in der Stimme, — und schaute 10
p. 16 hier die Wahrheit in der Wirklichkeit. — O über die Wahrheit, die auch Blinden zuruft : Hier bin ich ! — Blinde berührten sie und wurden sehend ; — Sehende berührten sie und wurden blind, weil sie das Licht kreuzigten.

VI   15

Ferner (ein Hymnus) auf das Fasten

Ein akrostichischer Hymnus (die Buchstaben des Namens Ephräm). Str. **1-3** : Fasten u. Schriftlesung.   **4-8** : Die Heilung des Bartimäus, das Öffnen der Augen bei Adam als Strafe, als Gabe bei den Christen, um den Reichtum der Schrift zu sehen.   20

Nach der Melodie : Du, mein Herr, hast geschrieben

1. Versammelt euch und werdet Kaufleute in (der Zeit des) Fastens ! — Denn die Bücher (der Schrift) sind das Schatzhaus der Gottheit, — und mit jenem heiligen Schlüssel der Stimme — werden sie aufgetan vor den Hörern. — Gepriesen sei der König, der sein Schatzhaus seinen 25 Bedürftigen geöffnet hat !

2. In (den Büchern) finden sich die Kleider [1] für die zum Gastmahl Geladenen. — In ihnen finden sich Busskleid und Tränen für alle Büssenden. — In ihnen findet sich auch die Waffe für die Athleten. — Sie

---

[8] In der einschlägigen Erzählung *Ex.*, xvii, 8-16 heisst es vom Stab nur in V.-9 : *w-ḥutrâ d-alâhâ b-id(i)*. — [9] *Ibid*, 10. Ephr. : *reš ṭûrâ* ; Peš. : *rêš râmtâ*.

[1] Das Nomen von *Matth.*, xxii, 12, in Peš u. VS mit dem Gen. *d-mestûtâ*, Ephr. erweitert zu : *la-zmînê d-meštûtâ*.

enthalten jeden Reichtum. — Gepriesen sei, der für alle alle Hilfen bereitet hat!

3. Öffnet daher, meine Brüder, und nehmt daraus mit Klugheit! — Denn das ist ein Schatzhaus für alle Menschen. — Es hat auch jeder seinen Schlüssel wie ein Schatzmeister. — Wer sollte da nicht reich werden! — Gepriesen sei, der die Ausflüchte unserer Trägheit aufhob!

4. Gross ist die Gabe, die vor uns Blinde geworfen ist. — Obwohl jeder von uns zwei Augen hat, — sind es wenige, die diese Gabe gesehen p. 17 haben, — was sie ist und von wem sie kommt. — Erbarme dich, o Herr, der Blinden, die nur das Gold sehen!

5. Jesus, der die Augen des Bartimäus[2] sehend machte! — Du öffnetest sie, die blind geworden waren, ohne dass er es wollte. — Öffne, mein Herr, die Augen, die wir blind gemacht haben, — indem wir es wollten, damit deine Güte sich steigere. — Der Lehm[3], den du (nahmst), mein Herr, lehrte, dass du der Sohn unseres Schöpfers bist[4].

6. Wer ist wie du, der du unser Antlitz ehrst! — Auf die Erde spiest du[5] und nicht ins Gesicht, um unser Bild zu ehren. — Uns, mein Herr, spei ins Gesicht — und öffne die Augen, die unsere Freiheit verschloss! — Gepriesen sei, der das Auge des Geistes gab, das wir blind gemacht haben!

7. Wer sollte nicht staunen über Adam, über das Öffnen seiner Augen! — Denn für Adam war das Öffnen der Augen ein grosser Schaden. — Für uns ist das Öffnen der Augen ein grosser Nutzen; — denn der Böse hat sie verschlossen. — Gepriesen sei, der die Augen verschloss und öffnete, um zu helfen!

8. Wer sollte nicht den Gegner verfluchen, der uns vernichtet! — Listig öffnete er Adam die Augen, und er sah seine Scham. — Uns verschloss er schmeichelnd die Augen, — damit wir nicht unsre grosse Blösse sehen sollten. — Verfluch ihn, mein Herr, mehr als alles, damit du über alles gepriesen werdest!

---

[2] *Marc.*, x, 46. — [3] Das Wort von *Jo.*, IX, 6. — [4] Die gleiche antimarkionitische Verwendung ausführlicher in *Nat.*, 17, 14 f. u. *CH*, 37, 3. — [5] *Jo.*, IX, 6. Ephr. : *b-arʿā*, Peš u. VS : *ʿal arʿā*.

VII

Ferner (Hymnen) auf das Fasten

Str. **1** : Das Fasten läutert die Seele.   **2** : Das Beispiel des Vogels.
3-5 : Das Beispiel von   *Dan.*, I.   **6-9** : Die drei Jünglinge im Feuerofen.   **10-11** : Der vierte im Feuerofen.   **12-13** : Das Feuer im Dienst 5
des Fasters Elias.   **14-15** : Warum Daniel nicht in den Ofen geworfen
wurde.

Nach der Melodie : Gott in seinem Erbarmen

1. Seht unser gepriesenes Fasten! Lasst uns ihm freudig entgegen-
eilen! — Es ist ein offenstehendes Schatzhaus für die Verständigen, — 10
eine Herzenserquickung für die Einsichtigen, — Geistesnahrung ist
es bei den Weisen. — Durch das Fasten erstrahlt noch mehr die ver-
ständige Seele — und der kluge Geist, der auf die Vorfahren geschaut
hat. — Denn das Fasten verschafft ihm — jene Waffe eines Moses
und Elias.   15

Responsorium : Selig ihr, die ihr durch euer Fasten siegtet!

2. Prüft (die Wirkungen des) Fleisches am Vogel! — Wenn er viel
schweres (Fleisch) gefressen hat, — dann lähmt und beschwert es seine
Flügel, — und er kann nicht mehr fliegen wie vorher. — Der Adler,
der am höchsten von allen (fliegt), war er gefrässig, — dann kann er 20
sich nicht wieder emporschwingen wie vorher. — Wenn schon der
leichte (Adler durch Fleisch) beschwert wird, — wie wird dann der
schwere (Mensch) beschwert werden, wenn er (Fleisch) isst.

p. 19   **3.** Daniel und seine Gefährten wurden voll und schön [1], — weil
sie Gemüse [2] assen in Babel. — Ihre jugendlichen Genossen schwelgten 25
in den Genüssen jenes sterblichen Königs, — des Hauptes der Linken [3].
Er wollte, dass durch seinen Wein in Brand gerate — das Herz und
der Sinn der Söhne der Rechten [3]. — Durch das Fasten entwöhnten
die Jünglinge ihren Mund — des königlichen Tisches.

4. Jene Jünglinge, die (vom Tisch des Königs) sich nährten, — ihr 30
Herz wurde plump in der Lehre. — Und als sie kamen um geprüft zu

---

[1] Die Wörter von *Dan.*, I, 15. — [2] Das Wort von *ibid.*, 12. — [3] Vgl. *ieiun.* 2, 2.

werden [4], — konnten sie sich nicht vergleichen mit den Fastenden. — Beschwert von der Nahrung unterlagen sie im Wettstreit; — denn die jugendlichen Faster besiegten sie eilends. — Fasten und Gemüse siegten — über königliche Genüsse und Leckerbissen.

5   **5.** Daniel und seine Gefährten hassten den Wein, — der die Reinen in aller Stille trübt. — Gross ist der Verstand in jenen, die ihn nicht lieben; — stumpf wird die Einsicht jener, die sich an ihn gewöhnt haben. — Die Zedern Sions [5] tranken Wasser und gediehen. — In ihrem Schatten wohnte das Volk in Babel. — Der Heilige Geist kam
10 und liess sich auf ihre Zweige nieder — wie die Taube auf den Ölbaum [6].

    6. Auch jener Weinstoch aus Ägypten [7] — trieb seine Zweige über p. 20 Könige und Priester. — (Die Schrift) verglich diese [8] mit Zedern, die (den Weinstock) trugen. — Den Weinstock, der aus Ägypten ausgezogen war, — erstickte Babel mit dem Schatten seines Heidentums. —
15 Dort wurden die Gefährten des Daniel zu Zedern. — In Babel trugen sie (den Weinstock) — wie Moses und Aaron in Ägypten.

    7. Babel wurde neidisch auf die Zedern, — die den gefallenen Weinstock trugen. — Es warf sie in das Feuer, um sie zu verbrennen. — Sie grünten und breiteten sich aus mitten in der Flamme. — Weil sie
20 dort (in Babel) den Rauschtrank hassten, besiegten sie dort das Feuer. — Weil sie dort das Fasten liebten, gewannen sie dort Kraft. — Tau träufelte in den Feuerofen für die Fastenden, — die sich des Weines entwöhnt hatten.

    8. Es berührte das Feuer und roch — in jenem Reinen [9] das Fleisch
25 der Fastenden. — Der Geruch der Kraft ihres Fastens [9] traf es, — und ihr Körper blieb der Gier (des Feuers) unzugänglich. — Es fastete an den Fastern, an den Schwelgern fand es seine Freude. — Die Essenden ass es, die Fastenden bewahrte es. — Es fasteten zusammen mit Daniel — die wilden Tiere [10], die sich von den Gierigen nährten.
30   **9.** Die seligen Jünglinge hassten und verachteten — den Tisch des Königs und seine Üppigkeit. — Das Feuer berührte ihre Körper nicht, — weil sie die Leckerbissen des Königs nicht berührt hatten. — Sie p. 21 hassten auch das Brot und assen Gemüse — und änderten ihre Natur.

---

[4] Vgl. *Dan.*, ɪ, 18 ff. — [5] Daniel u. seine Gefährten. — [6] Vgl. *Gen.*, vɪɪɪ, 11. — [7] Der Ausdruck von *Ps.*, ʟxxx, 9. — [8] Ist mit einer Verschiebung des Bildes auf die Könige u. Priester zu beziehen. — [9] Der durch den Text eindeutig gegebene Übergang von Sing. zum Plur. ist sehr auffällig. In beiden Fällen kann nur von den drei Jünglingen im Feuerofen die Rede sein. — [10] Vgl. *Dan.*, vɪ, 23 ff.

So hat auch das Feuer — seine Natur geändert : — statt der (Leute) in ihr frass es die draussen (Stehenden).

10. Drei wurden ins Feuer geworfen. — Sie mehrten sich und wurden vier in seinem Schoss [11]. — Und das Feuer frass die vielen. — Es mehrten sich die wenigen inmitten seiner Gier. — Das ungerechte 5 Feuer, das räuberische, das niemals — auf keine Weise Kapital und Zinsen zurückgab, — seine Gier wurde besiegt ; — denn es bezahlte Kapital und Zinsen.

11. Die Flamme wurde dem Acker ähnlich, — der für den Samen bestellt und bereit ist. — Siebenfach geheizt war die Flamme, [12] — 10 wiederholt gepflügt war sie wie für den Samen. — Man säte in sie jene, die Gemüse — gegessen hatten in ihrem Fasten. Und weil sie bei Gemüse gefastet hatten, — vermehrten sie sich wie der Same, — im Feuer, durch das die vielen wenige wurden.

12. Auch jenes Feuer, das Elias herabsteigen liess, — vernichtete 15 die vielen auf der Spitze des Berges [13]. — Der Fastende liess es durch p. 22 (seinen) Befehl herabfallen. — Die Esser und Schlemmer verzehrte es. — Das Feuer war der Rächer der Schmähung des Fasters. — Bei seinem Herabsteigen [14] tötete er die gierigen Propheten, — die durch ihren Bauch bestochen worden waren, — die Einfältigen von der Wahrheit 20 abzuführen.

13. Die Propheten waren erkauft um den Preis der Speise ; — die Lügner liessen sich durch (ihre) Gier bestechen. — Sie hüllten sich in wahre Namen — und verkauften die Wahrheit um das tägliche Brot. — Wer mit vollem Mund empfängt, verkündet mit vollem Mund [15]. — 25 Selig der Fastende, dessen Mund nicht bestochen wurde ! — Fürchtet euch meine Brüder, vor dem Bauch, — dass seine Herrschaft nicht Macht über euch gewinne !

14. Wäre auch Daniel hineingeworfen worden — zusammen mit seinen drei Gefährten in den Ofen, dann wäre er der vierte, der im 30 Feuer sich zeigte, — gewesen ; der Tyrann hätte geglaubt, — dass es der Glanz seines Gottes sei. Denn er hatte den Namen seines Götzen — betrügerisch dem Daniel gegeben. In dem er also — seinen Gott nicht

---

[11] Vgl. *Dan.*, III, 24. — [12] Vgl. *ibid.*, 19. — [13] Der Ausdruck von 4 *Reg.*, I, 9. — [14] Kann nicht mehr die vorangehende Erzählung von Elias auf dem Berg sein. Es muss auf die Ermordung der Baalspriester durch Elias gehen nach dem Herabfallen des Feuers auf sein Opfer, 3 *Reg.*, XVIII, 38. — [15] Die Übersetzung dieser Zeile bleibt unsicher.

entehren wollte [16], — gab er der Wahrheit Raum, verherrlicht zu werden.

15. Jenem Irrtum, der auf der einen Seite unterlag, — gewährte (Gott) es nicht, auf der andern Seite zu siegen. — Denn wenn man geglaubt hätte, dass es der Glanz — des Götzen gewesen sei, der in Daniel rettete, — dann hätte der unterlegene Irrtum (wieder) siegen können, — beschämt im Standbild und siegreich im Ofen. — Die Wahrheit aber spottete seiner, — indem sie überall seine Vorwände abschnitt.

VIII

p. 23

Str. **1** : Die drei Jünglinge im Feuerofen.   **2-3** : Die Chaldäer Babels von den Medern besiegt.   **4-5** : Daniel und die schreibende Hand. **6-7** : Daniel in der Löwengrube.

Nach der gleichen Melodie

1. O über die Sünde, die den Feuerofen schürte, — um die Wahrheit darin zu vernichten! — Sie wusste nicht, dass sie den Probeofen schuf, — in dem die Schönheit der Wahrheit verherrlicht werden sollte. — Das Feuer ergriff ihre Herolde und sie wurden beschämt. — Denn ausserhalb (des Ofens) wurden die Anhänger der Sünde zu Asche und Brand, — die Wahrheit aber siegte in den drei, — und wie Gold ging sie schön daraus hervor.

RESPONSORIUM : Gepriesen sei, der in den Jünglingen zu Babel siegte!

2. Hinfällig wurde das Götzentum — und die Herrschaft des Königs, der sich überhob. — Medien, die Mutter der Uneingeweihten, — besiegte Babel, die Mutter der Chaldäer. — Die einfältigen, schlichten Meder besiegten — die Wahrsager und Beschwörer und das Los der Chaldäer. — Die Kinder Babels wurden erniedrigt : — ein und derselbe [1] Tod führte sie alle ab.

---

[16] Dadurch dass er den Träger seines Namens, Daniel (Beltsazar), ins Feuer geworfen hätte.

[1] Das gleiche Ende spricht gegen die Astrologie; vgl. *CH*, 9, 7.

3. Sehr beschämt wurde das Chaldäertum, — das den Tod seiner Geliebten nicht merkte [2]. — Überführt und beschämt wurde im Zorn (gericht) — die Zauberei, die sich selber nicht helfen (konnte). — p. 24 Sie hatte den Kelch des Zornes [3] allen Königen gereicht. — Der Bodensatz [3] dieses Kelches blieb für sie zum Trank übrig. — Denn sie, 5 die die früheren trinken liess, — ihr kam jener Bodensatz der letzten zu.

4. Der Fastende las und erklärte — den Urteilsspruch, der für die Chaldäer geschrieben wurde. — Auf den Kalk [4] (der Wand) schrieb ihn der himmlische Finger [4]. — In Gleichnissen schrieb er ihn, damit 10 er erklärt würde. — Die Gäste, die die Schrift sahen, staunten plötzlich — und waren verwirrt beim Lesen; denn sie lasen [5], ohne zu verstehen. — Beschämt wurden die Gierigen und Weisen; — denn der Fastende trat auf und las und erklärte.

5. Es war ein Gastmahl, an dem Legio [6] teilnahm. — Mit Trankopfern erfreute man Satan. — Er eilte herbei und schwebte über ihren 15 Bechern. — Denn ihre Becher erzählten von einer Lästerung [7]. — Da verwirrte die flache Hand [8] ihre Gruppen — und trübte ihre Becher. Der Fastende [9], — der nicht mit ihnen zu Tische lag, — trat ein und vernichtete durch die Lesung ihre Kronen. 20

6. Der wohlgefällige [10] Fastende, der nicht geworfen worden war — in den Feuerofen, wurde in die Grube [11] geworfen, — damit die Wahrheit in jeder Hinsicht siege, — damit zu Tage trete, dass (Gott) ist über allem und in allem. — Denn da zunichte geworden war der Götze und sein Name [12], — warfen die Gierigen den Fastenden den 25 p. 25 Tieren vor, — damit in der Grube wie im Feuerofen — der Retter der Siegreichen verherrlicht werde.

7. Der Fastende wurde den Tieren vorgeworfen. — und es verbreitete sich der Duft seines Fastens in der Grube. — Es siegte das ruhige Raunen des Gebetes — über das schreckliche Brüllen der Löwen. — Das 30

---

[2] Und daher nicht voraussagte. — [3] *Ps.*, LXXV, 9. — [4] Die Wörter von *Dan.*, V, 5. — [5] Anders *Dan.*, V, 8. — [6] Steht bei Ephräm auch absolut für Dämon, Satan; vgl. *HdF*, 75, 30; *CH*, 5, 16; 6, 7; 55, 11. Für den Zusammenhang mit Legio von *Marc.*, V, 9 (*Luc.*, VIII, 30) vgl. *CH*, 38, 4. — [7] Das von der Hs am Rand hinzugefügte ʿ*al* stört Sinn u. Rythmus. Vgl. *Dan.*, V, 3. — [8] Der Ausdruck von *Dan.*, V, 24. — [9] Der Text hat noch ein *b-îdâ* « durch (die Hand) », was das Versmass verlangt; da es aber die Konstr. stört, übergeht es die Übersetzung. — [10] *rgîgâ*, die Übersetzung der Peš des vir desideriorum von *Dan.*, IX, 23. — [11] Das Wort von *Dan.*, VI, 12. — [12] Vgl. *ieiun.* 7, 14.

Seufzen der Bitte machte wirkungslos jenes Brüllen. — Die Stimme
des Demütigen schwächte die starken (Löwen). — Beschämt wurden
die (wilden) Tiere — durch das Fasten und die Demut des Daniel.

IX

Str. **1-2** : Das Fasten des Daniel u. seiner Gefährten.   **3-5** : Das
Fasten des greisen Daniel.   **6-9** : Über die Namen Daniel u. Misael.
10-13 : Daniel u. seine Gefährten retten durch ihr Fasten die Irrenden,
die der Irrtum selbst bedrohte.

Nach der gleichen Melodie

1. Siehe das Fasten gab zwei Schönheiten, — indem es Körper und
Seele schmückte. — Es gab Herrlichkeit der Seele vor den Engeln, —
es gab Glanz dem Körper vor den Körperlichen. — Durch Hunger welkt
die Schönheit der Schönen; — (doch) die Jünglinge,[1] wurden durch
das Fasten voller und schöner. — Sie schauten auf Moses : in seinem
Fasten — stieg er (vom Berg) herab (und) sein Glanz erstrahlte[2]. —

RESPONSORIUM : Dir sei Lob! Denn durch dein Fasten erglänzten sie.

2. Alles, was in Herzensfreude geschieht, — ist eine Lust, auch wenn p. 26
es das Tragen einer Last ist. — Alles aber, was in Trauer geschieht, —
ist Bitterkeit, auch wenn es das Essen von Honig ist. — Durch ein
freudiges Fasten erstrahlt das Herz; — indem der Geist jauchzt,
macht er die Farbe (des Gesichtes) heiter. — Es freuten sich in ihrem
Fasten die Jünglinge, — deren Farbe strahlend wurde.

3. Daniel fand sehr Geschmack am Fasten — wie ein Gieriger an
Leckerbissen, — der, wenn er es zuliess, besiegt weiter (darin) fort-
fährt. — Denn die Gewohnheit kann sich nicht selber entwöhnen. —
Das Kind vergisst, ein einziges Mal (entwöhnt), durch seine Entwöh-
nung — die Milch der Amme. Staunenswert, dass Daniel — sich nicht
entwöhnen konnte — (auch nicht in) seinem Alter vom Fasten der
Jugend.

[1] Daniel u. seine Gefährten von *Dan.*, ɪ. — [2] Vgl. *Ex.*, xxxɪv, 29.

4. (Nach mehr) verlangte das Fasten des Daniel — wie Durst, der von Wein entbrannte. — Er erinnerte sich des Fastens und wurde jugendlich — und drei Wochen lang [3] nacheinander fastete er. — Die Schönheit des Greises war verblüht, aber er war wohlgefällig durch sein Fasten. — Denn Gabriel nannte ihn «wohlgefällig» [4], 5 um wissen zu lassen, — dass sein Greisenalter durch das Fasten wohlgefällig war — und seine Jugend durch die Pflanzenkost.

p. 27   **5**. Wochenlang ertrug der Greis das Fasten, — wo Jugendlichen schon ein Tag beschwerlich fällt. — Er kniete und trug die drei [5] Lasten, — ein Kaufmann mit seinem Reichtum auf den Schultern. — 10 Er verachtete das Wohlgefällige des Brotes [6], das am meisten gefällt. — Deswegen wurde er ein Wohlgefallen für die Bewohner der Höhe. — Die Himmlischen hatten an ihm ihr Wohlgefallen, — weil er das, was den Irdischen gefällt, hasste.

6. Die Namen waren rein wie die Körper — jener Jünglinge, denen 15 man Namen gab [7]. — Man verband die heidnischen Namen — mit den verehrungswürdigen, heiligen Namen. — Denn der Name Daniel sagt aus : Gericht Gottes. — Vor diesem Namen fürchtete sich Babel, dass er es richte. — Er richtete es in der Tat und gab — sein Königreich dem Meder und Perser.   20

7. Schlau schloss die Sünde — jene zu fürchtende Herrlichkeit, die auf (dem Namen des) Daniel (lag), — in einen schwachen Götzennamen ein, — damit der Götze den siegreichen Gott unterdrücke. — Jener grosse Name aber, wenn auch unterdrückt, — zeigte seine Kraft : er zwang den, der gefangen nahm, — vor dem Gefangenen sich zu Boden 25 zu werfen — und sogar, wie ein Priester, Weihrauch [8] zu streuen.

8. Weil jener Name, El, der anbetungswürdige Name ist, — gab (Gott) ihn symbolisch dem Daniel. — Er forderte seine Anbetung in p. 28 Babel zurück, — damit er unter den Verfolgern seinen Sieg zeige. — Da der König von Babel glaubte, er habe das Heiligtum verbrannt — 30 und die Anbeter vernichtet, (musste) er in seinem eignen Land den Gefangenen anbeten, — auf dem der Name des Anzubetenden lag.

9. Einen anderen anbetungswürdigen Namen — (mit) El gab er symbolisch dem Misael. — Schlau ging die Sünde gegen den anzubetenden Namen vor, — dass er niederfalle und anbete vor der Statue. 35

---

[3] *Dan.*, x, 2. — [4] *Dan.*, IX, 23. — [5] Doch wohl nur die drei Wochen. — [6] *Dan.*, x, 3. Ephr. : *rgīgūteh d-laḥmâ*; Peš. : *laḥmâ d-regtâ*. — [7] Vgl. *Dan.*, I, 7. — [8] Das Wort von *Dan.*, II, 46.

— Misael aber schaute auf den Namen, der ihm gegeben war. — Wie sollte der anzubetende Name vor der Statue anbeten! — Weil sie [9] nicht vor der Statue des Irrtums anbeteten, — beteten die Irrenden mit ihm [9] die Wahrheit an.

5 **10.** (Doch) lasst uns jetzt absehen von den Namen, — die symbolisch den Fastenden gegeben wurden! — Denn es ist nicht die Zeit, von ihren Namen zu erzählen. — Es ist Zeit, von ihrer Pflanzenkost zu sprechen. — Lasst uns ihr Fasten betrachten, das zum Schlüssel wurde; — und er öffnete das grosse Schatzhaus des Heiligen Geistes. — Er öffnete

10 und nahm daraus die Offenbarung — des Traumes, seine Deutung und Erklärung.

11. Satan ist gespalten in seinem Reich [10]. — Er fing an, seine eignen Anhänger anzuklagen; — der Trug verurteilte seine eignen Freunde. — Die Sünde ist gespalten in ihren eignen Dienern. —

15 Irrtum und Wissen eröffneten einen Wettkampf. — Der Irrtum wurde p. 29 in den Weisen [11] beschämt und kam zu Fall. — Die Wahrheit aber wurde von den Jünglingen bekränzt, — und (die Wahrheit) bekränzte auch sie.

12. Siehe, die Trauernden [12] Sions mit ihrer Pflanzenkost — haben die Schlemmer Babels erlöst und gerettet. — Es erhob sich das Schwert,

20 um die Weisen [11] zu töten; — aber es wurde stumpf durch das Fasten der Gefährten des Ananias [13]. — Die Fastenden hatten Mitleid mit den Dienern des Bauchs. — Wahnsinnig war nämlich der Irrtum, der auf seine eignen Herolde sich stürzte. — Denn der Irrtum merkte nicht, — dass er sich gewandt hatte, um mit den eignen Leuten zu

25 kämpfen.

13. Arioch [14] zog wutschnaubend aus — und die Böcke und die Schwarzen wurden zerstreut. — Verwirrt wurden die Scharen der Linken. — Denn sie ist eine Mutter, deren Liebe keinen Bestand hat. — Die Lämmer der Rechten [15] hemmten eilends das Zorn(gericht),

30 — indem sie schnell das Fasten anlegten, die Waffe der Siegreichen, — eines Moses und Elias, — die mit Gebet den Himmel schlossen und öffneten.

---

[9] Der Übergang vom Plur. (die drei Jünglinge) zum Sing. (Misael) ist hart aber wohl nicht unmöglich. — [10] Der Ausdruck von *Matth.*, XII, 25 u Parall. — [11] Das Wort von *Dan.*, II. 12. — [12] *abilē*, ein Ausdruck für Asketen (von Ephr. auch für die Eremiten verwendet, *Virg.*, 21. 2), der hier wohl zweifellos mit *Dan.*, X, 2 zu verbinden ist, wo es von dem dreiwöchigen Fasten heisst: *yâteb b-eblâ*. — [13] Für Daniel u. seine Gefährten in *Dan.*, II, 13. — [14] *Dan.*, II, 14. — [15] *Matth.*, XXV, 33. Ephr.: *emrē d-yamînâ*; Peš.: ʿ*erbē* (*men yamîneh*); VS fehlt.

X

Str. 1-2 : Moses flieht den Tisch des Pharao u. wählt das Fasten auf
dem Berg.   3-6 : Der fastende Moses u. das Kalb des ausschweifenden
Volkes.   7-10 : Das Manna u. das murrende Volk.   11 : Die Grösse
des Fastenden.   5

Nach der gleichen Melodie

1. Die Gewohnheiten der Ägypter legte ab — jener, der im Schoss
p. 30 der Tochter Pharaos aufwuchs. — Sie verweichlichte ihn mit könig-
lichem Überfluss — In Milch und Honig schwamm er. — Er verliess
die Königstochter, die ihn aus (dem Nil) gezogen hatte [1], — und liebte 10
die Tochter Jakobs, die in ihrem Wahnwitz ihn schmähte. — Er
hasste und verwarf die Schätze (der Königstochter), — weil er jenen
Schatz wahrgenommen hatte, der alle reich macht.

RESPONSORIUM : Selig ihr Fastenden, die ihr gesiegt habt!

2. Den vollen Tisch der Tochter Pharaos — verachtete Moses, das 15
Haupt der Fastenden. — Er warf von sich die Üppigkeit im königlichen (Palast), — und verlangte nach dem Fasten auf dem Berg. —
Er fastete und erstrahlte [2], er betete und siegte. Er stieg hinauf in der
(gewohnten) Farbe, und stieg herab in einer andren Farbe. — Ir-
dische Farbe stieg hinauf, — er stieg herab gehüllt in himmlische 20
Farbe.

3. Siehe der Nisan des Fastens auf dem Gipfel des Berges! — Moses
stieg hinauf und genoss und gedieh. — Denn das Fasten wurde für ihn
zu einem Mahl, — und das Gebet zur Quelle lebendigen Wassers. —
Ein Mann der Einsicht (war er), und sein Fasten war ein entsühnendes 25
(Fasten). —Als er herabstieg, sah er das Kalb, wie es in der Mitte des
Volkes stand. — Der arbeitende Stier ereiferte sich — gegen jenes
träge Kalb der Sünde.

4. Während Moses auf dem Berg flehte, — vergnügte sich jenes
p. 31 blinde Volk. — Bei Moses entsühnendes Fasten, — beim Volk heid- 30
nische Üppigkeit. — Moses zusammen mit dem Erhabnen, das Volk
zusammen mit dem Kalb. — Der Geist in Moses, im Volk Legio [3]. —

---

[1] Das Verb von *Ex.*, ii, 10. — [2] Das Verb von *Ex.*, xxxiv, 29. — [3] Vgl. Anm. zu *ieiun.* 8,5.

Das Fasten wurde zur Arznei für die Irrenden, — die mit dem Kalb
sich verwundet hatten.

5. Das gegossene, regungslose Kalb — schuf Unheil im Lager. —
Denn mit dem unsichtbaren Horn des Heidentums — durchbohrte
5 und tötete es insgeheim seine Anbeter. — Mit dem Schwert durchbohrte
Moses seine Anbeter, — um an den Körpern zu belehren über den Tod
der Seelen. — Durch das Schwert durchschauten sie das Kalb. —
Unsichtbares zeigte er ihnen durch Sichtbares.

6. Die Arzneien der Ägypter waren ausgezeichnet, — die dortigen
10 Meister waren geschickt. — Moses (aber) verachtete den Schatz der Arzneien — Denn es ging nicht um ein körperliches sondern um ein seel-
isches Leiden. — Er stieg auf den Berg Sinai, den Berg Gottes. — Dort
blieb er lange und sammelte und brachte (mit) hinab — geistige Heil-
kräuter, — die unsichtbarer Weise die Seele heilen.

15 **7**. Die hässliche Gewohnheit des Schwelgers — ist eine Krankheit,
die den Geschmack verdirbt. — Diese Gewohnheit verdirbt in seinem
Mund — die süssen, einfachen Speisen. — Die Gewohnheit der Gier
isst murrend — und trinkt grollend. Krank ist, wer ungeduldig ist. —
Nicht kann gestillt werden — sein Bedürfnis, weil es nach Neuem hun- p. 32
20 gert.

8. Seht das Volk, das mit Murren — das himmlische Manna ass ! —
Seine Farbe war die des Beryll [4] — und sein Geschmack der von
Honigseim [5]. — Mit vielen Gleichnissen gab er ein Bild von jenem
Manna, — um seine Schönheiten dem Ohr der Zuhörer darzustellen.
25 — Durch den Mund sichtbarer Dinge — verkündete er uns seinen
verborgenen Geschmack.

9. Dem Beryll verglich er (die Farbe), um zu belehren, — dass es
in seiner Farbe mit dem Licht wetteiferte. — Nach dem Koriander-
samen [6] benannte er es, um wissen zu lassen, — dass es an Duft und
30 Geschmack (schwinde [7]). — Er verglich es auch mit Öl [8] und Honig,
— um durch das Öl zu belehren, dass es die Quelle des Gedeihens ist.
— Durch den Honig liess er wissen, — dass es der Quell aller Süssig-
keit ist.

10. Dieses Manna also, das gehüllt war — in (solche) Farbe, Duft
35 und Geschmack, — assen sie mit Ungeduld wie Kranke, — Schwel-

---

[4] *Num.*, XI, 7. Peš : *berulḫâ*; Ephr. : *berulâ*. — [5] Das Wort von *Ex.*, XVI, 31. — [6] Das
Wort von *Num.*, XI, 7 (*Ex.*, XVI, 31). — [7] Text unsicher. — [8] Vgl. *Num.*, XI, 8.

ger, krank durch ihre Begierden. — Bitterkraut [9] und Ungesäuertes
assen sie, um daran zu denken. — Die Maulwürfe der Erde haben das
himmlische Manna — mit Murren gegessen, — gewohnt an den Knob-
lauch Ägyptens.

p. 33   **11.** Wer wird also erfassen den Fastenden, — der mit seiner Willen 5
(skraft) seinen Mund (der Speise) entwöhnt! — Er hungert und sieht
(die Speise) ohne (sie) zu begehren; — er dürstet und sieht (den Trank),
ohne (ihn) zu verlangen. — Denn obwohl er essen könnte, erfreut ihn
das Fasten; obwohl er trinken könnte, erquickt ihn der Durst. —
Gepriesen sei von allen jener, der allen vergilt, — der am Tische seines 10
Reiches ihn erfreuen wird!

> Zu Ende sind die zehn Hymnen
> auf das Fasten der vierzig (Tage).

---

[9] Das Wort von *Ex.*, XII, 8.

APPENDIX

p. 34

I

Ein andrer (Hymnus)

Str. **1-2** : Die Waffe des Fastens u. Christus.   **3-4** u. **7** : Christus
u. Adam, verbotene Frucht u. Fasten.   **5-6** : Satan u. die Versuchung
Jesu.   **8-9** : Das Fasten u. die Leidenschaften des Körpers.   **10-11** : Die
Wirkungen des Fastens.   **12** : Schlussgebet.

Nach der Melodie : Das ist der Monat

RESPONSORIUM : Gepriesen sei, der uns die Waffe gab, um mit Satan
zu kämpfen!

1. Gepriesen sei der Königssohn, * der uns die Waffe gab, —
mit der wir kämpfen (sollen) * mit Satan, — dem Menschenhasser,
* der Adam beneidete [1] — und seine Kinder hasste. * Mit dem Fasten
lasst uns gegen ihn — kämpfen, um ihn zu besiegen * in der Kraft
des Erstgebornen!

2. Eine Waffe ist das Fasten, * von der die Pfeile entgegenfliegen —
dem Bösen. * Mit ihr hat Christus, — der Heerführer der Siegreichen,
* Satan besiegt. — durch einen legalen Kampf, — nicht mit Härte
* als Gott.

3. Mit dem Körper (siegte Christus), * in dem Adam in Eden unterlag [2] — durch die List der Schlange. * Mit der Speise — verführte
sie zu Beginn. * Deshalb ist (Christus), — obwohl Gott, * Mensch p. 35
geworden. — Mit dem Fasten bekämpfte * und besiegte er den
Bösen.

4. Weil er sich erniedrigte * und Mensch wurde — um des
Menschen willen, * fastete er wie ein Mensch, — obwohl Gott,
* und besiegte er den Bösen — durch das reine Fasten, * und
wurde ein (Vor)bild — für alle Tüchtigen, * sich ihm anzugleichen.

[1] Vgl. *HdF*, 50, 5. — [2] Vgl. *Parad.*, 12, 6.

5. Nicht (wie) mit dem mächtigen   *   Gott — kämpfte der Ver-
fluchte, * sondern wie — mit einem Menschen,   *   einem einfachen,
kämpfte er, — da er ja (sonst) sich gefürchtet hätte,   *   weil er nicht
gewusst hätte, — wie er sich retten würde   *   aus dem Kampf
mit ihm.   5

6. Er sah ihn   *   (nur) als Menschen [3], — und deswegen wagte
er es, * mit ihm zu kämpfen, — obwohl er nicht sicher war,   *
welches Ende — für (ihn) den Bösen erwachsen werde   *   aus dem
Kampf. — So war er kühn,   *   und er unterlag und wurde erniedrigt.

7. Mit der Waffe, mit der Adam in Eden unterlag, — mit dieser 10
siegte unser Herr [2]. * Durch das Verlangen nach der Frucht —
unterlag Adam. * Durch das Fasten, das sich fernhält — von der
Speise, * besiegte Christus — den Bösen, der verführen (konnte)
 * durch die Speise.

8. Durch Fasten und Wachen   *   verliert der Körper — seine 15
Heftigkeit   *   und mit ihm auch — alle seine Leidenschaften,   *
die wie Rauch — im Körper emporwirbeln.   *   Durch das Fasten
werden sie beruhigt, — beschwichtigt,   *   befriedet.

p. 36   **9**. Gleich den Holz(scheiten)   *   die das Feuer vermehren —
(und) die Flamme,   *   so wird der Körper — durch Speise und Trank 20
 * wie Rauch — entflammt.   *   Es wirbeln seine Leidenschaften
empor — und trüben den Verstand   *   durch Gestank.

10. Lasst uns, meine Brüder, lieben   *   das Fasten, das reine —
Früchte reich hervorbringt! * Denn durch (das Fasten) wird der
Verstand — und die Seele erhellt,   *   und die Gedanken — werden 25
rein. * Durch (das Fasten) wird es den guten — Regungen im
Herzen   *   möglich, sich zu regen.

11. Gut ist das Fasten   *   für den, der es liebt — in Klugheit.   *
Denn die Schönheiten der Seele — werden durch das Fasten gestärkt,
 * und (auch) für den Körper mehren sich — die Reichtümer.   *   Und 30
alle Menschen — werden von ihm eingeladen   *   zum Brautgemach
des Lebens.

12. Gib uns, o Gütiger,   *   Herzensreinheit — durch das reine
Fasten   *   und lautere — Gedanken des Herzens,   *   mit denen
zugleich — Seele und Körper   *   in einmütigem Lauf — dir, mein 35
Herr, danken mögen   *   für deine Gabe!

---

[3] Vgl. die etwas abweichenden Ausführungen in *Virg.*, 12, 8 ff.

II

Ein andrer (Hymnus)

Zur Form (Sōgītâ) vgl. Vorwort. Str. **1-8** : Beispiele für die Macht des Fastens : Daniel in der Löwengrube u. Esther u. Mardochai.   **9-10** :
5 Die drei Jünglinge im Feuerofen u. der vierte; die Dreiheit des fastenden Menschen u. der Paraklet.   **11-12** : Einheit von Geist, Seele u. Körper u. die Vollkommenheit.   **13** : Vogel u. Fastender.

Melodie : Die reinste aller Jungfrauen

RESPONSORIUM : Preis sei dir, mein Herr! Denn durch dein Fasten
10   erstrahlen die Tüchtigen.

1. Das Fasten war die siegreiche Waffe, * mit der von jeher die Tüchtigen erstrahlen : — im Feuerofen (war) sein Wunder, * in der Löwengrube sein Sieg. — Die Löwen und die Flamme * unterlagen ihm. Wer vermag das (würdig) [1] zu sagen?

15 **2**. Der eine Faster wurde aus Neid * in die Grube der wilden Tiere geworfen [2], — und von dem Duft seines Fastens * fürchteten sich die Löwen, — und sie neigten ihr Haupt vor ihm, * um in Liebe seine Füsse zu küssen.

3. Starke Löwen, * frevlerische, die nach Raub brüllen, — lern-
20 ten zu fasten * in der Grube des Fasters. — Und wie gelehrige Schüler * ehrten sie jenen Meister durch seine Gewohnheiten.

4. Die Tiere lernten das Fasten, * um die Schlemmer zu tadeln. Denn wenn Löwen fasteten * im Verein mit Daniel, — wie müssen dann die Einsichtigen * das Fasten Christi ehren!

25 **5**. Die jugendliche Esther fastete [3] * und brachte Haman ans Kreuz und ins Verderben, — damit die Fastenden lernen, * dass (selbst) die Macht von Tyrannen — das Fasten erniedrigen kann. * Mögen alle Menschen voll Liebe zu ihm eilen!

6. Daniel, Esther und Mardochai * lehrten das Fasten den
30 Babyloniern, — indem sie durch Fasten erniedrigten * die Höhe der Mächtigen; — und sie wurden schöne Vorbilder * für alle Geschlechter und Völker.

---

[1] Text unsicher. — [2] Vgl. *Dan.*, VI, 17. — [3] Vgl. *Est.*, IV, 16.

p. 38   **7.** Das Feuer wurde von ihm besiegt,   *   und die Flamme erlag seinem Anblick, — auch die Löwen   *   und der Frevler Haman. — Hohe Gewalten wurden erniedrigt,   *   damit über das Fasten sich freuen (alle), die es lieben.

8. Der Feuerofen und die Löwengrube   *   und das Gemach der 5 reinen jungen Frau — wurden zu auserlesenen Rauchfässern   *   des Wohlgeruchs. — Aus ihnen (Kraft schöpfend) [4] siegten die Fastenden, * und es siegen auch jetzt noch in der Welt ihre Waffen.

9. Drei standen im Feuerofen,   *   weil der Mensch als dreieiniger vollendet wird : — Geist und Seele,   *   und der Körper als dritter. — 10 Und wenn der Fastende sich bemüht,   *   wird der vierte [5] ihm zu Hilfe gesandt.

10. Betrachte, wie die Welt ein Feuerofen ist,   *   und vergleiche mit dem Feuer die Begierde! — (Die Begierde) kann nicht besiegen   * die drei, wenn sie einig sind, — Als vierter wird der Paraklet [6]   *   dem 15 geschickt, der tüchtig ist.

11. Auf, Fastender, sammle dich   *   aus Verwirrung und aus allen Spaltungen, — und sei ganz nur einer,   *   innerlich und äusserlich, — dein Körper, deine Seele und dein Geist [7],   *   damit die Güte deines Herrn dich unterstütze!   20

12. Gib Keuschheit dem Leib   *   und Liebe zum Erhabnen der Seele — und mache den Geist demütig   *   in guten Werken, — damit du ganz Gott gefallest!   *   (Dann) wird zu dir in deiner Ganzheit der Erlöser gesandt.

13. Bei geringer Speise (kann) der Vogel   *   auf der Höhe der 25 Luft springen — und sein Flügel wird nicht schwer [8],   *   weil seine Nahrung ihn nicht herabzieht. — Iss wenig, o Fastender,   *   damit
p. 39 du ohne Schlinge zum Himmel emporfliegen (kannst)!

III

Ein andrer (Hymnus)   30

Str. **1-2** : Einleitung.   **3-7** : Zur Erbauung des Tempels Gottes in der Seele genügt das Fasten allein nicht. Demut, Gottes- u. Nächstenliebe

---

[4] Vgl. zu der Ergänzung *Parad.*, 11, 13. — [5] Vgl. *Dan.*, III, 25 (species quarti similis filio dei). — [6] Auch im Syr. das griech. Wort, das Ephr. nur im Zusammenhang mit Mani gebraucht (*CH*, 22, 14, 9 u. *Pr. Ref.*, II, 209, 1 f.). — [7] Vgl. *HdF*, 20, 17-(ohne die Trichotomie). — [8] Vgl. *ieiun.* 7, 2.

müssen hinzukommen.   **8-10** : Die Gefahr des Fastens, Stolz. Warnung
des Apostels Paulus.

Melodie : Edessa Mesopotamiens

RESPONSORIUM : Gepriesen sei, der uns die Waffe gab, Satan zu besiegen.

1. Lasst uns dem Herrn bekennen,   *   dass er uns den Mund
öffne, — damit wir loben und feiern   *   die Schar der Fastenden —
und hinwieder tadeln   *   jene Schar der Schlemmer.

2. Über das Fasten, meine Brüder,   *   sprach ich feiernde Worte
— und nach Kräften verherrlichte ich es,   *   um anzueifern —
Gierige und Schlemmer,   *   Fastende zu werden.

3. Ein Haus wird nicht gebaut   *   aus einem einzigen (Material).
— Aus Verschiedenstem   *   besteht der Schmuck eines Palastes, —
damit er für seine Erbauer * ein Ort der Ruhe und des Wohnens sei.

4. Auch der Fastende   *   wird nicht allein durch das Fasten
vollendet. — Neben dem Fasten sind auch andre Zierden notwendig,
— damit Jesus daran Wohlgefallen habe und darin wohne.

5. Selig, wer durch die Schönheit seiner guten Sitten — eine reine
Wohnung für den Vater und den Eingebornen geworden ist, — auf
dass er wie ein Tempel in seiner Seele   *   Gott aufnehme.

6. Lerne, o Fastender,   *   in Weisheit — das Heiligtum deiner
Seele zu bauen,   *   in Verstand und Einsicht! — Denn so kannst
du eine Wohnung werden, dass er in dir wohne.

7. Sehr angenehm ist das Fasten   *   jenem Allprüfenden, — p. 40
wenn sich in ihm finden   *   Demut der Seele — und Liebe zu unserem Herrn   *   und zu allen Menschen.

8. Sei auf der Hut, o Fastender,   *   dass dich der Böse nicht
mit fortreisse — auf den Weg des Stolzes,   *   und deine Mühe eitel
werde. — Denn so pflegt der Hinterlistige die Fastenden zu verderben.

9. Nicht möge er dich, weil du fastest,   *   verführen, dich zu
erheben — über deinen Bruder, der isst.   *   Fürchte Paulus — der
deswegen   *   dich tadelt und anklagt!

10. «Wer nicht isst,   *   soll nicht den richten, der isst! » [1] —

---

[1] *Rom.*, XIV, 3. (mit einer Umstellung u. Auslassung des *man*).

So siehe, o Fastender,   *   dass du nicht beauftragt bist, zu richten,
— sondern dass du an dir selbst   *   das Gleichnis Gottes zeigest.

IV

Ein andrer (Hymnus)

Str. 1-2 : Freiwilliges u. erzwungenes Fasten.   3 : Das wahre Fasten [5]
ist das Sichenthalten vom Bösen.   4-5 : Lohn des Fastenden u. Strafe
des Schlemmers.

Paradiesesmelodie

RESPONSORIUM : Gepriesen sei, der uns das Fasten gab, um mit dem
        Bösen zu kämpfen!
                                                                    [10]

1. Wer das Fasten liebt aus eignem Willen, — kann nicht sein ohne
das,   *   was er liebt, — Wer aber (nur) gezwungen   *   fastet und
zum Schein, — dessen Fasten ist gegen ihn   *   und quält ihn, — weil
er das Fasten nicht liebt in seinem Herzen, — und auch nicht fühlen
kann   *   seinen Wohlgeschmack.   [15]

p. 41   **2.** Jener, der in Wahrheit   *   das Fasten liebgewann, — kann
auch bei seinem Essen   *   das Fasten festhalten. — Wer aber zum
Schein   *   oder auch gezwungen — (nach aussen) zeigt, dass er
fastet   *   bei seinem Fasten, — hört niemals zu essen auf.   *   Freiwilliges Fasten — wird angenommen   *   und dauert.   [20]

3. Das Fasten besteht nämlich nicht darin, dass jemand des Brotes
sich enthält. — Das wahre Fasten   *   ist das Fasten vom Bösen,
— dass sich einer zugleich des Brotes   *   und der Ungerechtigkeit
enthält. — Nicht mehren sie die Sünden   *   in ihrem Fasten. —
Den Naboth haben im Fasten [1]   *   die Ungerechten getötet, —   [25]
und sie haben im Namen des Fastens den Willen ihrer Begierde er-
füllt.

4. Denn dass der Mensch nach der Natur   *   isst und sich ernährt,
— dass er mit Mass isst,   *   darin sündigt er nicht. — Zu essen ist
Sache der Natur,   *   zu fasten Sache der Freiheit. — Im Fasten [30]

---

[1] Vgl. 3 *Reg.*, XXI, 12.

findet sich Erquickung ² * und Mühe. — Im blinden Essen *
Mühe ohne Erquickung, — im verständigen Fasten * Mühe und
Lohn.

5. Lasst uns nicht gefesselt sein, meine Brüder, * an die Esslust,
5   — damit wir nicht beraubt werden, meine Brüder, * des Gewinnes
des Fastens. — Der Lohn des Fastens ist aufgespart, * das Gericht
des Gierigen ist aufgezeichnet. — Denn in beiden Welten * wird er
bestraft. — Denn der Schlemmer war Knecht * des Bauches durch
seine Gier, — und in jener (andern) Welt wird er * Knecht sein
10   der Gewissensbisse.

Zu Ende sind die Fastenhymnen.

---

² Unsichere Ergänzung eines ausgefallenen Wortes.

I. — VERZEICHNIS DER BIBELSTELLEN

(Zitiert wird nach Hymnus und Strophe. Direkte Zitate und Stellen zu deren Text sich Bemerkungen finden, sind mit einem Asteriskus versehen.)

Genesis

III, 7* : 3, 2
   15* : 4, 4
IV, 21 f.* : 2, 2
VI, 2* : 2, 2
VIII, 11 : 7, 5

Exodus

II, 10* : 10, 1
XII, 8* : 10, 10
XVI, 31* : 10, 8
XVII, 8-16 : 5, 9
   10* : 5, 9
XXXIV, 29 : 9, 1; 10, 2

Numeri

XI, 7* : 10, 8
  8 : 10, 9
  33 : 4, 2

3 Regum

III, 16* : 1, 11
XXI, 9* : 3, 5
  12 : App. 4, 3

4 Regum

I, 9* : 7, 12

Esther

IV, 16 : 4, 7; App. 2, 5
VI, 7 ff. : 4, 8

Psalmi

LXXV, 9* : 8, 3
LXXX, 9* : 7, 6
CXX, 4* : 5, 3

Isaias

LVIII, 1 ff.* : 2, 1

Daniel

I, 7 : 9, 6
  12* : 7, 3
  15* : 7, 3
  18 ff. : 7, 4
II, 12* : 9, 11
  13 : 9, 12
  14* : 9, 13
  46* : 9, 7
III, 19 : 7, 11
  24 : 7, 10
  25 : App. 2, 9
V, 3 : 8, 5
  5* : 8, 4
  24* : 8, 5
VI, 12* : 8, 6

  17 : App. 2, 2
  23 ff. : 7, 8
IX, 23* : 8, 6; 9, 4
X, 2 : 9, 4; 9, 12
  3* : 9, 5

Matthäus

XII, 25 (u Par.)* : 9, ,11
XX, 1-16 : 1, 13
XXII, 12* : 6, 2
XXV, 33* : 9, 13

Marcus

V, 9 : 8, 5
X, 46* : 6, 5
XV, 13 (Luc., XXIII, 21; Jo., XIX, 6)* : 5, 6

Johannes

IX, 6* : 6, 5 f

Rom.

XIV, 3* : App. 3, 10

Eph.

VI, 14* : 4, 4

II. — VERZEICHNIS DER EIGENNAMEN

(Zitiert wird nach Hymnus und Strophe.)

Aaron 7, 6.

Adam 1, 1; 2, ult.; 3, 1 f.; 4, 2; 6,
  7 f.; App. 1, 1; 1, 7.

Ägypten 5, 7; 7, 6; 10 1; 10, 6;
  10, 10.

Amalek 5, 9.

Ananias 9. 12.

Arioch 9, 13.

Babel 4, 9; 7, 3; 7, 5 ff.; 8, 2; 9, 6;
  9, 8; 9, 12; App. 2, 6.

Bartimäus 6, 5.

Chaldäer 8, 2 ff.

Christus App. 1, 2; 1, 7; 2, 4. —
  Erstgeborner : 1, 1 f.; 1, 6; 1, 9;
  4, 2 f.; 4. 5; 4, 12; 5, 1; 5, 8 f.;
  App. 1. 1.

Daniel 2, 3; 7, 3; 7, 6; 7, 8; 7, 14 f.;
  8, 7; 9, 3 f.; 9, 6 ff.; App. 2, 6.

Eden App. 1, 3; 1, 7.

Elias 4, 11; 7, 1; 7, 12; 9, 13.

Esther 4, 7; App. 2, 5 f.

Eva 3, 1 f.; 3, 4; 3, 6; 4, 4.

Gabriel 9, 4.

Golgotha 5, 9.

Haman 4, 8; App. 2, 5; 2, 7.

Isaias 2, 1.

Jakob 10, 1.

Jesus 6, 5; App. 3, 4.

Jonas 4, 10.

Jubal 2, 2.

Kain 2, 2.

Legio 8, 5; 10, 4.

Mardochai App. 2, 6.

Medien 8, 2; 9, 6.

Misael 9, 9.

Moses 4, 11; 5, 9 f.; 7, 1; 7, 6; 9, 1;
  9, 13; 10, 2 ff.

Naboth 3, 5; App. 4, 3.

Ninive 4, 10.

Paraklet App. 2, 10.

Pascha 5, 6 f.

Paulus App. 3, 9.

Pharao 10, 1 f.

Satan 6, 7; 8, 5; 9, 11; App. 1, 1 f.

Seth 2, 2.

Sinai 4, 1; 10, 6.

Sion 7, 5.

Tubalkain 2, 2.

III. — SACHINDEX

(Zitiert wird nach Hymnus und Strophe.)

Asketen 1, 13; 9, 12.
Auge 1, 5; 1, 10; 6, 5 ff.

Baum (der Erkenntnis) 3, 3.
Buße 1, 8; 4, 4; 4, 6; 4, 8; 4, 10;
6, 2.
Braut(gemach) 5, 1; App., 1, 11.

Demut 4, 4; 4, 8; 8, 7.
Duft (des Lebens) 4, 6.

Engel 9, 1; 9, 5.
Eucharistie 3, 5.

Gebet 1, 9 f.; 8, 7; 9, 13; 10, 2 f.
Geist (menschlicher) 1, 3; 1, 5; 9,
2; App. 2 ,9; 2, 11. — Heiliger
Geist 7, 5; 9, 10; 10, 4; App. 2,
10.
Glanz (göttlicher) 7, 14 f.; 9, 1 f.

Kapital (Kaufmann) 4, 2; 6, 1; 7,
10; 9, 5.
Kirche 4, 7; 5, 4.
Kleid 3, 2; 3, 4; 3, 6; 4, 6; 6, 2.
Körper App. 1, 8 f.; 1, 11 f.; 2, 9;
2, 11 f.
Kreuz 2, ult.; 3, 6; 5, 6-9.

Lab 5, 5.

Liebe 5, 5; App. 2, 12; 3, 7.

Maulwurf 10, 10.

Psalmen 1, 9.

Rauchfaß App. 2, 8.

(Gottes)schau 1, 2 f.
Schlüssel 6, 1; 9, 10.
Schrift (heilige) 1, 7; 5, 6 ff.; 5, 9 f.
Seele 1, 2; 1, 5; 3, 6; 4, 2 f.; 7, 1;
9, 1; 10, 5 f.; App. 1, 10 ff.; 2,
9; 2, 11 f.; 3, 5 f.
Spiegel 1, 7; 5, 5; 5, 10.
Sünde 2, 3 f.; 3, 1; 8, 1; 9, 7; 9, 11;
10, 3.
Symbol 5, 9 f.; 9, 8 f.; 10, 8 f.

Taufe 5, 1.

Vogel 7, 2; App. 2, 13.

Weihrauch 9, 7.
Wein 1, 3; 7, 5; 7, 7; 9, 4.
Wille (freier) 5, 4; 10, 11; App. 4,
1; 4, 3 f.

Zeder 7, 5 ff.

IV. — INHALTSVERZEICHNIS

Imprimerie Orientaliste, s.p.r.l., Louvain (Belgique)